209
5086
Cambray

DISCUSSION

SOMMAIRE

DES DROITS DE L'ARCHEVÊCHÉ

DE CAMBRAY.

DISCUSSION

SOMMAIRE
DES DROITS DE L'ARCHEVÊCHÉ
DE CAMBRAY.

M. L'Archevêque de Cambray, dans la Requête qu'il a eu l'honneur de préfenter à SA MAJESTÉ, n'a été que le fimple hiftorien des droits & de la poffeffion de fon Siége. Il n'a pas crû devoir convaincre le Confeil par des raifonnemens, mais l'éclairer par des titres ; & il lui a paru fuffifant de les lier entr'eux par le récit le plus fimple des faits dont ils fourniffent la preuve.

Si dans ce Mémoire particulier, par lequel il veut faciliter au Miniftre l'examen de ces mêmes titres, M. l'Archevêque de Cambray s'éloigne un peu de ce plan, il ne s'écartera pas du moins de l'efprit qui le lui a dicté. Il ne peut oublier les intérêts de son Siége, mais il perdra de vûe la place qui le charge de leur défense ; & dans la difcuffion à laquelle il va fe livrer, on reconnoîtra non une Partie qui plaide, mais un Juge impartial qui examine.

Que le Cambrefis ait été un des Etats de l'Empire ; que les Evêques de Cambray aient joui fous la mouvance de l'Empire de la fupériorité territoriale attachée aux Fiefs immédiats, c'eft un point de fait fi évident, qu'il feroit inutile de rappeller tous les titres qui l'atteftent.

PREMIERE PROPOSITION. Nos Rois ont perpétuellement reconnu l'Archevêché de Cambray comme un Etat de l'Empire. Réfutation du Mémoire de M. de Vernimen.

Mais il nous paroît néceffaire de prouver ici que nos Rois eux-mêmes ont, dans tous les tems, reconnu cette vérité, & de détruire en paffant les foibles doutes que M. de Vernimen, Procureur Général au Parlement de Douay, crut élever dans le Mémoire qu'il fit imprimer en exécution de l'Arrêt d'évocation.

Tout fe réduit de fa part à critiquer le diplome donné par l'Empereur Henry II. en 1007. dont il n'ofe cependant entreprendre de prouver la fauffeté, & à foutenir que la Monarchie Françoife n'a jamais abandonné, par aucun Traité, fes anciens droits fur Cambray. Avec cette forme de raifonner, on prouveroit également que la France n'a point perdu fes droits fur toutes les Provinces qui ont compofé la Monarchie Germanique. Ignore-t-on en effet que l'un & l'autre Etat a été gouverné autrefois par le même Souverain, & que les partages qui ont divifé la fucceffion de Charlemagne, font prouvés par la diftinction réelle, qui depuis fes defcendans jufqu'à nous, a subsisté entre les Etats de la France & ceux de l'Empire ?

Cependant M. de Vernimen est forcé de convenir que nos Rois, long-tems avant Philippe Auguste, ne possedoient plus Cambray, puisqu'il prétend que ce fut ce Prince qui le réunit à sa Couronne : Comment le prouve-t-il ? par un passage de l'Historien Jean de Serre, Auteur que qui que ce soit ne lit, que personne n'a jamais osé citer, & dont on connoît l'ignorance & l'infidélité. (a) Mais de Serre ne raporte pas un seul fait dont on puisse induire cette prétendue réunion. Il est vrai qu'en faisant l'éloge de Philippe Auguste, il dit » qu'il dédia le dernier acte de » sa vie à regler son Royaume, auquel il avoit res- » titué une bonne partie de ses pieces, aliénées par » Hugues Capet ; à savoir toute la Normandie, une » bonne partie de la Guienne, les Comtés d'Anjou, » de Touraine, du Maine, de Vermandois, Cambresis- » Valois, Clermont, Beaumont, Auvergne, &c. On ne sait ce que c'est que ce Cambresis-Valois dont parle Jean de Serre ; mais on connoît les Chartes d'Othon III. du mois de Janvier 1208. & de Frederic II. son successeur, du mois d'Avril 1216, & du mois d'Octobre 1219, qui prouvent que l'Etat de Cambresis fut soumis aux Loix & à la Jurisdiction de l'Empire pendant toute la vie de Philippe Auguste ; aussi aucun de nos autres Historiens ne fait-il mention de cette prétendue réunion du Cambresis ; & M. le Pré-

---

(a) Le Livre de Jean de Serre est intitulé *Inventaire de l'Histoire de France*, & on imprima peu de tems après qu'il parut, un gros Livre intitulé *Inventaire des erreurs de Jean de Serre.*

fident Henault , faifant l'énumération des acquifi-
tions de Philippe Augufte , nomme fimplement *la
Normandie , l'Anjou , le Maine , la Touraine , le Poi-
tou , l'Auvergne , le Vermandois , l'Artois , Montargis
& Gien.*

Ce qu'il y a de fingulier , c'eft que M. le Procureur Général du Parlement de Douay paffe rapidement
de ce témoignage de Jean de Serre , qui ne prouve
rien , à un fait qui prouve contre lui ; c'eft l'acquifi-
tion que fit en 1337 Philippe de Valois , de la Châtellenie de Cambray , qui lui fut vendue avec les Seigneuries de Creve-cœur & d'Arleux par Beatrix de
S. Paul.

En effet , comment imaginera-t-on que Philippe
de Valois eût acquis la Châtellenie de Cambray , s'il
eût été Souverain & de cette Ville & de fon territoire ? On fait que le Châtelain , dans fon origine ,
étoit un fimple Gouverneur nommé par le Prince :
L'Archevêque de Cambray nommoit celui de cette
Ville ; & il étoit arrivé de cet Office ce qui étoit
arrivé de tous les autres , qui , amovibles d'abord ,
étoient devenus héréditaires par l'inféodation. Les
Seigneurs de Creve-cœur étoient donc Châtelains de
Cambray , comme les Comtes de Champagne & de
Blois étoient Grands-Sénéchaux de France. Philippe
de Valois acquit cet Office avec les terres de cette
Maifon ; & peut-être par là voulut-il fe préparer des
prétextes pour étendre fes droits : ce qu'il y a du
moins de certain , c'eft qu'il ne prétendit point que
ce titre lui en donnât un à la fouveraineté , & qu'il
reconnut au contraire très-formellement la liberté de

la Ville de Cambray, & sa mouvance qui ne l'assu-
jettissoit qu'aux Loix de l'Empire. C'est ce qui est
prouvé par une Charte de ce Prince du mois de Novembre 1339. par laquelle, en considération des bons
& agréables services que la Cité de Cambray lui a ren-
dus, & qu'il espere (a) qu'elle rendra à ses successeurs, il promet que dans toutes les guerres qu'elle
aura à soutenir contre quelque personne que ce soit,
lui & ses successeurs seront tenus de lui fournir un secours de trois cens hommes d'armes, & de trois cens
arbalêtriers, & qu'ils l'aideront contre tous, excepté
contre l'Empereur de Rome, le Roi d'Allemagne &
l'Evêque. Ce Prince ajoute, que toutes les fois que les
habitans de Cambray voudront faire transporter dans
leur Ville des marchandises du Royaume de France,
ils pourront le faire librement. Est-ce ainsi qu'un Roi
traite avec ses Sujets ? Et pourquoi, en trois endroits

____

(a) Nous, considérant les bons & agreables services que nos amés les Echevins &
le Université de Cambray nous ont faits, & espérons qu'ils fassent à Nous & à nos
successeurs Rois de France en tems à venir, à iceux Echevins & Université, pour
eux & leurs successeurs avons octroyé & accordé, octroyons & accordons par ces Lettres perpétuellement, que toutefois de cy en avant, que eux ou leurs successeurs, ou
aucuns de eux auroient à faire en fait de guerre, ou que à guerre appartiegne, contre
quelconques persones ou persones que ce soit ou soient, tant de notre lignage que d'autres, Nous & nos successeurs Rois de France seront tenus à eux bailler, & baillerions
à leur requête trois cent hommes d'armes & trois cent arbalêtriers pour garder lesdits
Echevins & Université, de force, injures, oppressions, &c. & en ce Nous & nos successeurs les aiderons contre tous, comme dit est, excepté contre l'Empereur de Rome,
le Roi d'Allemagne.... sauf tant que si il sembloit ausdits Echevins & Université qu'il
ne fût besoing de tant de gens d'armes & arbalêtriers, Nous ou nos successeurs leur en
ferions bailler sous ledit nombre par conseil & regard d'iceux Echevins & Université,
pour les aidier & défendre contre tous, fussent de notre lignage ou autre, comme dit
est, excepté les dessus dits Empereur, Roi d'Allemagne ; ou en cas qu'ils auroient
affaire contre l'Evêque ou Chapitre dessus dit.... voulons être tenus nos successeurs
Rois de France, & à ce les obligeons, que les dessus dits Échevins & Université, &
les habitans de ladite Cité & Banlieue, ou aucuns d'eulx, voudront avoir des vivres
ou marchandises de notre Royaume en leurdite Cité & Banlieue, ils en puissent mener
& faire transporter franchement en leurdite Cité de Cambray sans fraude, en payant
les débites & péages anciennement accoutumez.

de cette Charte , excepte-t-on l'Empereur du nombre des Princes contre lesquels Philippe de Valois promet du secours aux habitans de Cambray , si ce n'est parce que les Loix féodales ne permettoient point d'aider le Vassal dans les guerres qu'il soutenoit contre son Seigneur ?

Le Roi Jean ayant été obligé de mettre des droits de sortie sur les marchandises du Royaume qui passoient à l'étranger , les Commis à la recette voulurent exiger ces droits des habitans de Cambray qui transportoient chez eux des denrées de France. La Ville de Cambray rappella ce Traité de 1339 , & par une Charte du 29 Septembre 1361 , qui en contient la confirmation , le Roi déclara qu'il n'entendoit soumettre à ces droits *les vins, vivres & marchandises que les habitans de Cambray font ou feront mener hors du Royaume pour leur vivre & leur user en ladite Cité & banlieue.*

Les mêmes Lettres furent confirmées par une Charte de Charles V. du 15 Novembre 1378. Et il résulte clairement de ces titres , 1°. que Philippe de Valois & ses successeurs ont toujours regardé la Ville de Cambray comme située hors du Royaume de France, & faisant partie des Etats de l'Empire. 2°. Que le titre de Châtelain de Cambray imposoit au Roi un devoir de protection & de garde , mais ne lui donnoit ni la Seigneurie , ni encore moins la souveraineté.

Venons à des reconnoissances encore plus précises de la part de nos Rois , & détruisons sans replique l'argument que M. le Procureur Général (*a*) au Parlement

____

(*a*) On ne parle ici que de M. de Vernimen. M. le Procureur Général actuel, a reconnu l'erreur du sistême que ce Magistrat avoit embrassé, de Douay tire de l'Office de Châtelain de Cambray qui leur appartenoit. Ce titre, loin de leur affurer la fouveraineté, les rendoit pour ainfi dire membres de la Cité, & obligés de concourir aux délibérations pour les affaires publiques. En voici la preuve démonftrative.

Il exifte dans les Archives du Magiftrat de Cambray une Charte du Roy Charles VI. datée de Paris du 12 Mars 1388, par laquelle il paroît que l'Empereur qui dans cette Charte eft nommé par le Roi luimême, *Seigneur fouverain du pays de Cambray*, avoit fait une conftitution nommée *Quarantaine*, qui avoit extrêmement deplu *aux Nobles & autres Etats du dit Cambray & du pays de Cambrefis*. Ceux-ci avoient préfenté Requête à l'Evêque & aux Magiftrats, pour demander que jamais ils *n'en ufaffent contr'eux ou leurs fujets en quelconque maniere que ce fût, car elle étoit contraire & préjudiciable à eux & à leurs droits, Seigneurie & Jurifdiction, & avoit été impétrée en leur abfence.* L'Evêque avant que de ftatuer fur cette Requête avoit ordonné une affemblée d'Etats, & l'avoit indiquée *au lendemain de l'Octave de la Saint Andrieu* 1387. (*) *& auffi avoit fait favoir & requis aux autres Nobles, gens d'Eglife & autres Etats dudit Pays, qu'ils fuffent audit jour pour avoir leur confeil & avis, & pareillement pour plus fûrement faire ladite réponfe avoient ledit Evêque & Ville de Cambray envoyé devers le Roy de France & Monfeigneur de Bourgogne, qui grands & notables tenemens, Seigneuries & Jurifdictions ont audit Pays afin d'avoir fur ce leur délibération & confeil.*

Le Roi Charles VI déféra à cette affignation &

(*) Saint André.

nomma par Lettres - Patentes Henri le Mainier, Bailli de Vermandois, pour aſſiſter en ſon nom à la Délibération. Le Duc de Bourgogne nomma pour la même fonction Triſtan Dubois, Gouverneur de Tournay. L'un & l'autre ſe tranſporterent à Cambray, *& là par devant ledit Evêque, Clergé, Nobles & autres qui lors furent préſens audit Palais dudit Evêque,* ils dirent *au nom, & de par* les Princes qui les avoient *envoyés, que après que leſdits Princes avoient ſur icelle quarantaine & conſtitution, eu meure délibération avec leur Conſeil, ils avoient conclu & délibéré finalement, que leur intention & volonté étoit que ladite conſtitution fut entretenue & obſervée, nonobſtant laditte Requête faite au contraire, & que à ce les mouvoient deux cauſes principalement, la premiere ſi étoit qu'elle eſt ſainte, juſte & raiſonnable, & la ſeconde pour ce qu'elle a été faite & ordonnée d'un Seigneur sou‑ verain qui faire le pouvoit.*

En conſequence les deux Commiſſaires firent dé‑ fenſes aux Sujets (c) des Princes leurs maîtres que pour cauſe de laditte quarantaine ils ne *procédaſſent par voye de fait contre les ſuſdits Evêque, Clergé, bonne ville de Cambray alliée au Roy ou contre autre quelconque qui laditte conſtitution de quarantaine vou‑ loient garder.*

Ces défenſes furent confirmées par la Charte de Charles VI, dans laquelle ſe trouve tranſcrit tout du long le procès verbal de cette aſſemblée. Com-

---

(c) C'étoient par raport au Roi les manans & habitans des Seigneuries d'Arleux & de Crevecœur.

ment M. de Vernimen a-t-il ignoré des titres de
cette nature ? & s'il les a connus, comment a-t-il
pû dire que la ville de Cambray faifoit partie du
Royaume fous Philippe de Valois & fes Succeffeurs ?

On pourroit citer ici une foule d'autres titres tous
émanés des Empereurs, & qui prouvent que l'Eglife
de Cambray étoit dans la mouvance immédiate de
l'Empire, mais on ne s'attachera qu'aux monumens
qui prouvent que nos Rois l'ont eux-mêmes perpe-
tuellement reconnu.

En 1400 il s'éléva une conteftation fur les droits
attachés à la Chatellenie de Cambray, & ce diffé-
rend fut terminé par un traité : quelles font les parties qui y contractent ? d'un côté le Roi Charles VI,
ftipulant pour le Dauphin fon fils Châtelain de Cambray, & d'un autre côté l'Evêque & les Prevôt &
Echevins de cette Cité. Ce traité fût confirmé &
ratifié par des Lettres-Patentes données par les deux
Princes, & l'on trouve les unes & les autres aux
archives de Cambray. Dans celles qui furent données
par l'Evêque le 19 Décembre 1400 ; il s'y nomme
*Pierre par la grace de Dieu Evêque de Cambray &
Comte de Cambrefis,* & voici en quels termes il s'ex-
prime, *comme en l'an 1400. par certain traité, paix
& accord entre le Roy Charles de France pour & au
nom de Monfeigneur le Dauphin de Vienne fon fils
menre (*) d'ans d'une part, & nous d'autre, ledit
Roy maintenant & difant, comme avoit été maintenu
lui étant Dauphin de Vienne, que à caufe de la Chatellenie de Cambray, fief tenu de nous Evêque, appartenoient & étoient dûs plufieurs nobleffes, droits,*

(*) Du latin *minor.*

rentes & proufits , *&c.* Ce fût fur ces profits que ce fit le traité qui les fixa & qui accorda à la Ville des dédommagemens pour les droits qu'elle cédoit : on les trouve énoncés avec le plus grand détail dans les lettres reverfales que l'Evêque donna au Roi, & qui font tranfcrites tout au long dans la Charte du mois de Mars fuivant *(d)*, par laquelle ce Monarque confirme le traité. Ces Lettres reverfales approuvées du Roi & de fon Confeil commencent ainfi ; *à tous ceux qui ces préfentes Lettres verront & orront, Pierre par la grace de Dieu Evêque de Cambray & Comte de Cambrefis, &c. favoir faifons que comme débat & matiere de queftion eût été de long-tems entre les gens du Roy de France pour & au nom de Monfeigneur le Dauphin de Viennois, Chaftellain de Cambray & Seigneur de Creve-cœur, & Arleux, de Rumilly & de St. Souplet & leurs appartenances, lefquelles Chatellenie, Villes, terres & Seigneuries, font & doivent être tenues en foi & hommage de nous Evêque deffus dit comme Comte de Cambrefis d'une part, & nous Evêque, Prevôt, Echevins, Bourgeois & tous les habitans, &c.* On ne peut trop faire obferver ici que ces Lettres font copiées d'un bout à l'autre dans la Charte de confirmation de Charles VI, qui finit par ces mots, *nous voulant ledit accord & pacifiement avoir & fortir fon plein & entier effet, ainfi que tenus y fommes au nom que deffus, icelui & tout le contenu ez dites Lettres, voulons, loons, ratifions, approuvons & par teneur de ces préfentes confirmons & le promettons à*

(*d*) Elle eft datée encore de 1400, parce qu'alors l'année commençoit à Pàques.

tenir & faire tenir , & avoir agréable par notre dit fils Dauphin de Viennois , Chaſtellain de Cambray. . . . . & par ſes Succeſſeurs en laditte Châtellenie.

Le Dauphin qui vivoit lors de ce traité étoit Louis qui mourut en 1415 , ſans laiſſer d'enfans de ſa femme Marie de Bourgogne. Charles VI mourût lui-même en 1422 , & le fief de la Châtellenie de Cambray , ainſi que les terres d'Arleux , de Rumilly &c. furent ſaiſis , faute d'hommage & de relief , & mis entre les mains de l'Evêque par le Bailli de Cambreſis qui fit ſignifier ſa ſaiſie à Iehan Aubry qualifié dans le jugement de main levée (e) , *garde de la Châtellenie de Cambray à ce commis & député de par les gens des Comptes , les Tréſoriers & généraux Gouverneurs de toutes les Finances de très-excellent Prince Henry par la grace de Dieu Roy de France & d'Angleterre.* Aubry fit part de la ſaiſie à la Chambre des Comptes de Paris qui lui donna commiſſion pour s'informer de l'uſage & de la mouvance. Jean Aubry fit ces informations , & ſe fit répréſenter le dernier hommage rendu au nom du feu Roi Charles VI , après quoi il reçût ordre de compoſer , & il compoſa réellement pour le relief avec l'Evêque de Cambray moyenant *150 couronnes de France* qu'il promit de payer *audit Reverend Pere Evêque , & ce fait , requit audit Bailly de Cambreſis , que de grace & moyennant & qu'il paye-roit laditte ſomme de 150 couronnes promptement , il lui plaiſit à ſurſeoir & bailler jour de faire ledit relief juſqu'au jour de Noël prochain venant , ſans préjudice*

---

porter, afin que dans ledit jour Monſieur le Regent de France (*) & le Conſeil du Roy puiſſent aviſer & trouver aucun Seigneur, qui pour & au nom du Roy & fit deſdites Pairies & fiefs feaulté & hommage audit Reverend Pere ou à ſon Bailly de Cambreſis.

(*) C'étoit le Duc de Bedford.

En 1482. Louis XI reconnoît par des Lettres-Patentes données à Méhung ſur Loire, la liberté de l'Etat de Cambray (*f*), défend à ſes troupes d'y faire le moindre dégât, & le loue de l'impartialité qu'il a témoignée dans les guerres paſſées. Soixante ans après, François I. & Charles Quint accordent l'un & l'autre à cette Ville des Lettres pour conſentir qu'elle garde la neutralité (*g*). En 1552 Henry II fait expédier de pareilles Lettres en ſa faveur. Après des titres ſi déciſifs auxquels on en pourroit joindre pluſieurs autres imprimés dans le Recueil des Ordonnances de France, comment **M.** de Vernimen Procureur - Général au Parlement de Douay peut - il dire encore, ſur l'autorité de Jean de Serre p. 842, que *la conquête du Comte de Fuentes en 1595 eſt le premier titre qui ait dépouillé les Rois de France de leur Souveraineté ſur cet ancien membre de leur Couronne.* On oſe dire, que ſi le Roi n'avoit aujourd'hui d'autres

---

(*f*) On voit par ces Lettres, qu'il étoit permis à l'Archevêque de Cambray de recevoir dans ſa Ville les troupes de tous les partis, ſans en embraſſer aucun. Elles ſont même une nouvelle preuve de la mouvance de l'Empereur, car il y eſt dit que des gens de guerre de France ayant jetté à bas les armes de l'Empereur dans cette Ville, le Roi les avoit fait rétablir.

(*g*) Les Lettres-Patentes de François I. commencent ainſi, François &c, notre très-cher & bien amé Couſin l'Evêque, Duc de Cambray & Comte de Cambreſis & les Clergé & loy de la Cité & Duché de Cambreſis & les habitans en iceux nous ont fait dire & remontrer que le 20 du mois de Juin dernier paſſé ils ont obtenu de l'Empereur Lettres de Déclaration de leur neutralité, de ne tenir aucun parti des Princes circonvoiſins.

droits que ceux qui réfultent des prétendues autorités recueillies par ce Magiftrat, rien ne feroit plus chimérique, & dès la le Mémoire qu'il fit imprimer en 1731, femble être non une preuve, mais une dérifion de ces droits, que l'Archevêque de Cambray fe fera toujours un devoir de refpecter, & dont il va dans un moment indiquer le véritable titre ; car s'il regarde comme évidemment prouvé que nos Rois depuis le partage des Etats de Louis le débonnaire jufqu'au Traité de Nimégue, n'ont eu aucuns droits fur la Souveraineté de Cambray, il n'en reconnoît pas moins que les habitans de cet Etat doivent à ce Traité & à la conquête qui le précéda, l'avantage qu'ils ne méconnoîtront jamais, d'être aujourd'hui Sujets & Sujets fideles de S. M.

Mais comme il s'agit ici non d'élever de vaines prétentions, mais de chercher fincerement la vérité que nous atteftent les monumens hiftoriques, il doit demeurer pour conftant que jufqu'en 1595 les Evêques de Cambray ont été vaffaux immédiats de l'Empire, jouiffans de tous les droits regaliens attachés à la fupériorité territoriale de leur fief, & que ces droits & cette mouvance toujours maintenus par les Empereurs, ont perpétuellement été reconnus par nos Rois. De qu'elle nature font ces droits ? doivent-ils être regardés comme une véritable Souveraineté ? Telle eft la queftion qu'il eft d'abord néceffaire de traiter en peu de mots.

La foibleffe des defcendans de Charlemagne & peut-être auffi la trop grande étendue des Etats que ce Prince avoit réunis occafionnerent une révolution importante dans le Gouvernement : l'exercice de la Puiffance publique avoit été confiée de dégré en dégré à des Magiftrats amovibles qui , fous le titre de Ducs & de Comtes, exerçoient au nom du Souverain l'autorité civile & militaire : ces dignités devinrent héréditaires , & ceux qui en étoient revêtus augmenterent en pouvoir, à mefure que celui des Monarques s'affoiblit. La maniere dont fe formoient alors les armées deftinées à la défenfe du Royaume , l'obligation où étoit chaque Ville & chaque Province de fournir un contingent de troupes qui étoient aux ordres des Ducs & des Comtes , ne contribua pas peu à rendre ceux-ci rédoutables ; ils fe conduifirent en Souverains , defqu'ils purent en impofer au Roi lui-même, en difpofant chacun de leur petite armée.

A le fin du dixieme fiecle les Monarques n'eurent prefque plus de Sujets ; ils n'eurent plus que des Vaffaux. De ce pouvoir fi ferme dont Charlemagne avoit fi bien connu l'étendue, il ne reftoit aux Rois de France & aux Empereurs d'Allemagne qui avoient partagé fes Etats , que le droit d'exiger les fervices militaires pour la défenfe de l'Etat entier , & le droit de juger dans leur Cour les querelles de ceux que l'on appelloit leurs Vaffaux & qui autrefois avoient été leurs Officiers ; ainfi tout fe reduifit bientôt à l'hommage que prêtérent les Vaffaux , & au droit de reffort que le Prince put exercer fur eux. Le titre de la Souveraineté fubfifta toujours, mais les droits & les fonctions en furent méconnus ; on la confondit avec la Seigneurie , & le Roi non plus que l'Empereur ne furent plus regardés que comme des Seigneurs plus puiſſans , ſupérieurs à d'autres Seigneurs qui ſe croyoient en droit de ſe défendre les uns contre les autres par la force , & qui jouiſſoient en leur propre nom d'une autorité, qu'ils n'avoient autrefois exercée qu'au nom du Monarque.

Ce qui étoit un abus dans ſon origine devint un droit & en France & en Allemagne , mais de deux manieres différentes.

En France l'un de ces grands Vaſſaux monta lui-même ſur le Trône , & fût obligé de prendre la Royauté dans l'Etat où elle étoit : mais auſſi comme elle étoit héréditaire , ſes deſcendans pûrent facilement employer les droits que leur donnoient & l'hommage & le reſſort , pour réunir ſucceſſivement à leur Couronne les grands Fiefs qui balançoient leur autorité , & pour recouvrer ainſi la plus grande partie de leur pouvoir qui s'étoit éclipſé.

En Allemagne comme la dignité Impériale étoit élective , & que l'on ne diſtingua point aſſez l'héritage de Charlemagne, d'avec le titre par lequel il avoit crû rendre ſa perſonne plus recommandable , la Monarchie Germanique fût regardée comme attachée à l'Empire & fût conférée avec lui par le ſuffrage des Electeurs qui n'étoient originairement que les Vaſſaux de l'Empereur , & qui bientôt ne ſe crûrent plus que Vaſſaux de l'Empire. Maîtres de donner ce rang ſuprême il pûrent à plus forte raiſon en limiter les droits : ainſi on ne connut plus de loix, mais des Traités & des Conventions : celles-ci formerent le droit public de l'Allemagne , légitimerent le Gouvernement féodal, & affurerent à tous les Vaffaux de l'Empire un pouvoir qui alla toujours en croiffant, tandis qu'en France ce pouvoir diminuoit peu à peu & fe réuniffoit infenfiblement à la Couronne.

Ainfi les Princes d'Allemagne conferverent très-légitimement prefque tous les droits regaliens dont jouiffoient en France, fous Hugues Capet & fous fes Succeffeurs immédiats, le Duc de Bourgogne, le Comte de Flandres, le Duc d'Aquitaine & les autres grands Vaffaux de la Couronne. Il faut convenir cependant que comme en France le pouvoir des Vaffaux étoit plus ou moins grand fuivant l'étendue du territoire que chacun poffedoit, & fuivant la quantité de forces que chacun pouvoit employer à fa défenfe, ces inégalités eurent auffi lieu en Allemagne, & que les conventions & les capitulations qui fixerent le proit public, établirent quelque différence entre les droits particuliers des Vaffaux de l'Empire. Car encore aujourd'hui quoique l'on appelle du nom de fupériorité territoriale, le pouvoir & la liberté dont jouiffent tous les Etats de l'Empire, il y a cependant une grande différence entre les droits qui appartiennent à un Electeur dans fon Pays, & ceux dont jouit une Ville libre ou une Abbaye.

Mais ce que l'on ne doit point omettre ici, c'eft que nos Rois ont tellement reconnu la légitimité de tous ces droits, qu'ils en font devenus les Protecteurs & les garants par les Traités de Weftphalie, & qu'on ne regarda point alors ces droits comme un fiftême nouveau introduit pour la fûreté commune,

mune, mais comme l'ancien & véritable Etat (*h*)
de la Monarchie Germanique.

L'Archevêque Duc de Cambray Membre & *Etat
immédiat* (*i*) de l'Empire jouilloit donc très-légitimement lorsque commencerent les troubles des
Pays-Bas, de tous les droits essentiellement attachés
à la supériorité territoriale : ce droit, il est vrai,
n'est pas celui de la Souveraineté, car les Possesseurs
des Fiefs de l'Empire reconnoissent des loix qu'il
ne leur est permis ni d'enfreindre, ni de refor-
mer, des Tribunaux qui peuvent les juger, & un
Supérieur auquel ils sont obligés de répondre ; mais
il consiste dans le plein & entier exercice de la puissance publique, soit en matiere de jurisdiction, soit
en matiere d'administration sur un territoire limité
& sur tous ses habitans » la supériorité territoriale,
» dit un Auteur, qui a traité avec soin cette ques-
» tion, (*l*) quant au fait, approche plus ou moins
» de la Souveraineté, selon que les Etats sont plus
» ou moins puissans ; & quant au droit, selon qu'ils
» ont plus ou moins de prérogatives. Elle est, disent
» les Docteurs, *analogue à la Souveraineté.* Cela est
» vrai à l'égard des Electeurs, & des principaux
» Princes de l'Empire ; mais à l'égard des Villes
» Impériales, des Comtes, des Prélats, Abbés &
» Abbesses qui n'ont, que ce qu'on appelle voix
» Collégiale, il y a une distance prodigieuse entre

(*h*) Voyez le Traité d'Ofnabruck. Art. XII.
(*i*) Ce terme Etat s'applique en Allemagne même aux personnes, on dit que
tel Comte ou tel Abbé est Etat de l'Empire.
(*l*) Le droit public Germanique. Tom. I. pag. 185.

» leur supériorité territoriale & la Souveraineté.

Cet Auteur examine ensuite quels sont les droits essentiels dont jouissent les Etats de l'Empire , en vertu de cette supériorité ; & il les réduit à ceux-ci. » Ils ont le droit de glaive sur leurs Sujets. Ils font » des Loix & des Ordonnances même contraires au » droit commun. Ils jouissent de la liberté de Reli- » gion. Ils perçoivent tous les revenus des Pays qui » leur sont soumis. Ils mettent des Impôts. Ils font » battre Monnoie dans leur territoire à leur coin & » à leur nom. Ils font des Alliances entre eux & » avec les Etrangers, pourvû que ce ne soit ni contre » l'Empereur , ni contre l'Empire. Ils font fortifier » à leur gré les Villes de leur territoire. Ils ont des » Troupes sur pied , & peuvent en entretenir tel » nombre qu'ils jugent à propos. Ils peuvent pour- » suivre par les armes, la satisfaction des torts qu'on » leur a faits , particuliérement hors de l'Empire , » car au dedans ils doivent la demander au Juge Su- » prême & aux Tribunaux établis pour cet effet , de » peur de troubler le repos public , & de violer les » Loix les plus sacrées par des hostilités.

On reconnoît dans cet exposé les droits dont les Archevêques de Cambray ont toujours été en possession ; leurs monnoies existent , & celles de Louis de Barlaymont qui étoit sur le Siége lors de la perfidie de 1595. sont en très-grande quantité dans le Pays. Les Loix qu'ils publioient sont encore ac- tuellement observées dans les Tribunaux. Ils levoient des Troupes, puisque ce même Barlaymont joignit les siennes à celles d'Espagne commandées par le

Comte de Fuentes. On connoît les Traités qu'ils ont faits, même avec nos Rois (*m*), & on a vu plus haut que ceux-ci en leur promettant un secours de Troupes au besoin, exceptoient les cas où il s'agiroit de faire la guerre à l'Empereur : les droits de la supériorité territoriale des Archevêques de Cambray sont donc & évidemment établis par leurs titres & clairement fixés par les monumens de leur possession.

Ainsi voilà deux vérités prouvées, 1°. L'Etat de Cambray n'appartenoit point à la France ; il étoit membre de l'Empire & nos Rois l'ont reconnu. 2°. Il jouissoit de tous les droits & privileges attachés aux fiefs de l'Empire. Telle étoit sa condition quand Dinchy & après lui Balagny s'en emparerent, lors des guerres des Pays-Bas.

Ces droits ont ils été enlevés à l'Archevêque de Cambray par la capitulation de 1595? C'est une troisiéme question à examiner ; mais elle ne méritera pas une longue discussion, tant les principes qui doivent la décider sont certains & évidens.

Tant que dura la tyrannie passagere de Balagny, loin que les Archevêques de Cambray fussent en guerre avec l'Espagne, ils étoient au contraire demeurés fideles aux engagemens qui les attachoient

TROISIEME PROPOSITION. Les droits de l'Archevêque de Cambray ne lui ont point été enlevés par le Traité de 1595, passé entre le Comte de Fuentes & les habitans de Cambray.

(*m*) Nos Rois dans les Traités faits dans le seizieme siécle reconnoissoient tellement Cambray comme un Etat de l'Empire que dans les clauses du Traité secret passé entre la France & l'Electeur Maurice, & dont parle M. de Thou, Liv. 8. de son Histoire, il fût stipulé que le Roi se saisiroit, si cela étoit possible, de Cambray, de Metz, de Toul & de Verdun, & qu'en y mettant de bonnes garnisons, il les posséderoit dors en avant comme Vicaire de l'Empire.

à cette Puiſſance. L'Archevêque Louis de Barlay-mont avoit quitté ſa Ville , & reclamoit le ſecours que le Roi Catholique lui devoit comme Comte de Flandres : cette protection duë à l'Etat de Cambray n'étoit point une ſuite ni une preuve de la Souveraineté , c'étoit un devoir impoſé par les commiſſions des Empereurs , & acheté par un ſubſide que payoient les habitans du Cambreſis. Le Comte de Flandre n'étoit à cet égard que Vice - Gerent de l'Empereur , & attendu l'éloignement des Tribunaux de l'Empire , il ſuppléoit ſi bien le Tribunal de la Chambre Impériale , qu'il pouvoit dans ſa Cour & aſſiſté de ſes hommes de Fief , mettre au Ban de l'Empire les Membres du corps Germanique qui auroient commis quelque injuſtice contre l'Egliſe. Le Roi d'Eſpagne comme Comte de Flandres avoit donc rélativement à l'Etat de Cambray deux fonctions. Il étoit ſon allié contre les étrangers qui l'auroient attaqué ; il étoit Juge entre lui & tous ſes Co-états qui pouvoient lui nuire.

L'Archevêque de Cambray invoque les Traités & reclame l'exécution des devoirs qu'ils preſcrivent , il demande qu'on delivre ſes Sujets de l'oppreſſion de l'Etranger qui en avoit uſurpé la Souveraineté (*n*) , il invite la Cour d'Eſpagne à tenir

---

(*n*) Qu'on ne diſe pas que Balagny y maintenoit l'autorité du Roi qui s'en étoit rendu maître par les armes du Duc d'Anjou en 1581 , car le Duc d'Anjou ne conquit point Cambray , il vint au contraire à ſon ſecours pour faire lever le ſiége que Farneſe & les Eſpagnols avoit mis devant cette Place. Farneſe fut obligé de décamper ; alors le Duc d'Anjou entra dans la Ville , mais comme Libérateur & Protecteur , & il fit ſerment dans l'Egliſe & enſuite à l'Hôtel de Ville (dit M. de Thou) de protéger cette Ville *Impériale* & ſes Habitans. De Thou Hiſt. univerſ. ſur l'année 1581.

ſes engagemens; le Comte de Fuentes unit ſes Troupes à celles de l'Archevêque, la Ville eſt priſe, &
au lieu de rétablir l'Archevêque dans ſes droits, on
l'en dépouille par un Traité paſſé ſans lui avec ſes
Sujets.

Ce Traité, comme M. l'Archevêque de Cambray l'a fait obſerver dans ſa Requête, étoit donc
le comble de la perfidie & de l'injuſtice; les habitans donnoient ce qui ne leur appartenoit point;
l'Eſpagne prenoit pour elle un bien qu'elle étoit
chargée de défendre & de conſerver; la délibération même qui précéda cet acte renferme, de la
part des habitans de Cambray, la reconnoiſſance
des droits de leur Archevêque, & par conféquent
la preuve la plus forte de la nullité de leur ceſſion.

Mais eſt-il beſoin d'inſiſter ſur une queſtion que
les Rois d'Eſpagne & leurs Conſeils ont eux-même
décidée plus d'une fois? N'ont-ils pas reconnu que
ce Traité ne pouvoit jamais être un titre d'acqui-
ſition? N'ont-ils pas dès 1596. cherché à s'en faire
un plus ſolide, en offrant à l'Archevêque la reſtitution
d'une partie de ſes droits, à condition qu'il leur
céderoit le reſte? En 1624. leurs Conſeils n'ont-ils
pas décidé dans pluſieurs aſſemblées que, l'Eſpagne
n'avoit ſur le Cambreſis ni le droit qui naît des
Traités, ni celui que donne la conquête? Lorſque
la guerre de 1667. a commencé, la Cour d'Eſpagne
délibéroit encore ſi elle reſtitueroit, & juſques-là
le Roi Catholique avoit lui-même déclaré ſa poſ-
feſſion précaire, comme celle d'un Sequeſtre, puiſqu'il n'avoit pris le parti de conſerver Cambray que

parce que cette clef des Pays-Bas étoit néceſſaire à leur défenſe:une poſſeſſion ainſi motivée ne pouvoit durer qu'autant que le danger que l'on prévoyoit, car le Prince qui s'empare d'un Pays uniquement parce qu'il lui eſt néceſſaire pour défendre le ſien, n'acquiert point ſur l'Etat uſurpé,un droit légitime: quelque longue qu'eut été la poſſeſſion du Roi de Pruſſe en Saxe, il eſt prouvé par toutes les loix qu'elle n'auroit jamais ſuffi pour l'en rendre le véritable Souverain.

Si donc le Procès, ou pour nous ſervir d'un terme plus doux, ſi les négociations duroient encore avec la Cour d'Eſpagne, ſi S. M. C. n'eut pas cédé au Roi par le Traité de Nimégue tout ce qu'elle pouvoit avoir de droits ſur Cambray, il n'y a perſonne qui ne jugeât qu'elle ſeroit obligée de reſtituer à l'Archevêque & à l'Egliſe tous les droits de ſupériorité territoriale qui lui ont été enlevés. La longue poſſeſſion toujours impuiſſante en matiere de droit public ne vaudroit pas mieux ici, quand la conteſtation ſeroit entre particuliers, 1°. parce que le titre de poſſeſſion eſt vicieux ; 2o. parce que la poſſeſſion a été reconnue précaire par le Détenteur lui-même ; 3o. parce qu'il y a eu réclamation perpétuelle juſqu'au temps de la guerre, pendant laquelle toutes les loix entre Souverains gardent le ſilence.

Après avoir prouvé que le Roi d'Eſpagne étoit véritablement obligé à des reſtitutions envers l'Archevêque de Cambray, examinons ſi cette obligation a été anéantie par la conquête qui a précédé le Traité de Nimégue, ou ſi au contraire le Roi ne s'en eſt pas lui-même chargé par ce Traité.

Cette queſtion, au premier aſpect, paroît devoir effrayer. Vient-on donc ici propoſer à S. M. de ſe dépouiller d'une ſouveraineté qui fait le bonheur des Peuples? Si c'étoit là l'état de la queſtion, elle n'eût point été traitée par M. l'Archevêque de Cambray. Sujet du Roi, pénétré de reconnoiſſance pour ſes bienfaits, obligé, à plus d'un titre, à lui prouver ſon zéle, ſon reſpect, ſa fidélité, il ne s'eſt déterminé à expoſer ſes droits, que parce qu'en les examinant, il s'eſt convaincu lui-même de la juſtice de ceux de S. M. Il ne croit point que la Souveraineté de Cambray ſoit attachée à l'Archevêché; il croit que tous les titres de cette Souveraineté réſident aujourd'hui ſur la tête du Roi : mais il penſe que cette Souveraineté même eſt pour S. M. le principe d'un devoir ſacré, qu'Elle remplira dès qu'Elle en aura examiné le titre & apperçû les conſéquences.

Ces vérités méritent d'être développées ; & pour y parvenir, on va prouver qu'au double titre & de conquête & de traité, le Roi poſſéde aujourd'hui la pleine & entiere ſouveraineté de Cambray ; mais qu'il ne l'a acquiſe qu'à la charge de reſtituer à l'Archevêque de Cambray tous ceux de ſes droits qui peuvent ſe concilier avec elle. Poſons d'abord quelques principes. » On peut acquerir la ſouveraineté » par droit de conquête, dit Grotius, (*o*) en deux » manieres, ou en tant que la victoire en dépouille » le Roi vaincu, ou quelqu'autre Souverain ; & en

QUATRIÉME PROPOSITION. Le Roi poſſéde la ſouveraineté de Cambray, mais le titre auquel il la poſſéde, l'oblige à reſtituer à l'Archevêque les droits de ſupériorité territoriale attachés à ſon Fief.

(*o*) Du droit de ſouveraineté, Liv. III. Chap. 8.

» ce cas là , tout le pouvoir qu'il avoit paſſe au vain-
» queur , *mais rien au-delà ;* ou bien , en tant que la
» ſouveraineté réſidoit dans le Peuple même ; & alors
» le vainqueur la poſſéde de telle maniere , qu'il a
» droit de l'aliéner , comme le Peuple auroit pû le
» faire. » Rien de plus raiſonnable & de plus juſte
que ces maximes. Imaginer qu'on peut ôter au Souverain avec qui l'on eſt en guerre , plus que ce qui
lui appartient , feroit une abſurdité. Vouloir, à l'oc-
caſion de cette guerre , dépouiller de ſes droits un
tiers avec qui l'on eſt en paix , feroit une injuſtice.
Faiſons l'application de ces vérités.

Lorſque le feu Roi fit la conquête de Cambray, le
plein exercice de la puiſſance publique ſur le Cambreſis, réſidoit encore ſur la tête de l'Archevêque ; aucun Traité ne l'avoit privé de ſon bien. Il n'étoit dépouillé que par le fait. Il réclamoit lui-même , & ſes
titres réclamoient pour lui. On croit avoir démontré
cette vérité. Or la France n'avoit point à ſe plaindre
de l'Archevêque de Cambray , elle n'étoit point
en guerre avec lui.

Le Roi avoit alors pour ennemis la Cour d'Eſpagne & l'Empereur , qui , malgré le Traité d'Aix-
la-Chapelle , s'étoient liés avec la Hollande , & lui
avoieut fourni des ſecours. Ainſi, en prenant la Ville
& la Citatelle de Cambray en 1677 , il ne pût s'approprier que ce qui appartenoit à ces deux Puiſſan-
ces : ce qui n'étoit point à elles , pouvoit bien demeurer en ſequeſtre entre les mains du Roi , pour la
ſûreté de ſa conquête & de ſes troupes , mais ne pouvoit jamais lui être légitimement acquis que par une

ceſſion

ceffion du propriétaire. C'eft encore une vérité reconnue par toutes les Nations , (p) & atteftée par
les Jurifconfultes du Droit public. » Il eft clair, dit
» Grotius , que pour pouvoir s'approprier une chofe
» par droit de guerre, il faut qu'elle appartienne à
» l'ennemi : car celles qui appartiennent à des gens
» qui ne font ni fes fujets, ni animés du même efprit
» que lui contre nous , ne fauroient être acquifes par
» droit de guerre. (Du droit de la guerre & de la
paix , Liv. III. chap. 6.)

Ce fut fans doute ce principe de juftice qui fit
rédiger les claufes du Traité de Nimegue dans les termes qu'elles préfentent. Les Princes en effet, en cédant leurs droits & leur poffeffion, ne peuvent ni aug-
menter les uns , ni légitimer l'autre. Le Ceffion-
naire n'acquiert que ce qui appartient au cédant ,
comme le conquerant ne devient maître que de ce
qui appartient au vaincu. Voici la claufe du Traité.
La Cour d'Efpagne y céde les Villes qui depuis ont
appartenu à la France , avec *les mêmes droits & fouveraineté , propriété ... & tous autres droits qui ont ci-
devant appartenu au Roi Catholique ... Et pour cet effet
ledit Seigneur Roi Catholique , tant pour lui que pour
fes fucceffeurs & ayans caufe , renonce , quitte , céde
& tranfporte ... en faveur dudit Seigneur Roi Très-
Chrétien ... tous les droits , actions , prétentions , droits*

(p) Les Romains étoient perfuadés de cette maxime ; & le Sénat Romain auquel
Prufias Roi de Bithinie , redemandoit certaines terres dont les Généraux de la Répu-
blique s'étoient emparés pendant la guerre contre Antiochus , répondit que fi elles
n'avoient point appartenu à ce Prince , elles ne pouvoient appartenir aux Romains.
Si Antiochi non fuiffet ager , eo ne populi quidem Romani factum apparere. Titeliv,
Lib. XLV. Chap. 44.

de Regale … & généralement , sans en rien retenir ni reserver , tous autres droits que ledit Seigneur Roi Catholique ou ses hoirs & successeurs ont & prétendront ou pourroient avoir & prétendre pour quelque cause & occasion que ce soit , sur lesdits pays , places , &c. & sur les lieux en dépendans.

Il resulte de ces expressions que le Roi a entendu par ce Traité se mettre simplement aux droits du Roi d'Espagne , & n'acquerir que ce qui appartenoit légitimement à cette Puissance. Il n'ignoroit pas en effet les demandes que les Archevêques de Cambray n'avoient cessé de faire à la Cour de Madrid , depuis qu'ils avoient été dépouillés de leurs droits. Par l'art. V. de la Capitulation, on lui en avoit demandé la restitution , ou que du moins *il lui plût agréer* que l'Archevêque & le Chapitre *lui pussent faire sur ce sujet leurs très-humbles remontrances* , & S. M. avoit daigné promettre par l'apostille mise à côté de cet article , qu'Elle les entendroit avec plaisir.

On ne voit pas qu'il ait été rien stipulé par rapport à Cambray , dans le Traité particulier qui fut passé aussi à Nimegue , & la même année, entre le feu Roi & l'Empereur ; ensorte que de la part du Corps Germanique & de son Chef, il y a eu plutôt abandon tacite que cession expresse de mouvance & de souveraineté. Mais le Roi ayant possédé sans aucune réclamation de leur part , & ayant depuis ce tems-là toujours exercé sur le territoire de Cambray le droit de mouvance & de ressort qui leur appartenoit autrefois, est aujourd'hui aussi légitimement aux droits de l'Empereur , qu'il l'est à ceux du Roi d'Espagne. En effet, il réunit & le titre légitime qui eft la conquête fur un Prince avec qui il étoit en guerre , & la poffeffion publique qui confirme le titre & le rend irréfragable.

Tels font les titres de la Souveraineté du Roi , plus forts fans doute que les témoignages futiles & les petits faits fur lefquels M. de Vernimen dans fon Mémoire prétend fonder les droits de S. M. Elle réunit aujourd'hui fur Cambray & la fouveraine autorité qui appartenoit à l'Empire , & le droit de protection que les Comtes de Flandres exerçoient en vertu des Traités , & par une commiffion fpéciale des Empereurs. Ce droit de protection eft la feule chofe que le Roi Catholique ait pu légitimement céder par le Traité de Nimegue ; car il eft démontré qu'il n'avoit que cela.

Quant à l'État de Cambray & à l'exercice de la puiffance publique par laquelle il étoit immédiatement adminiftré , il faut convenir que le Roi a reçû l'un & l'autre du Roi d'Efpagne ; mais celui-ci n'en étoit que le détenteur , & non le légitime poffeffeur. S. M. en recevant ce dépôt des mains de S. M. Catholique , a contracté l'engagement de le rendre. Elle a pris les chofes dans l'état où elles étoient , & la poffeffion de la Cour d'Efpagne n'a paffé au Roi qu'avec toutes les obligations qui en étoient une fuite néceffaire : ainfi les feuls changemens que le Traité de Nimegue ait operés dans la fituation des Archevêques de Cambray , fe réduifent à ceux-ci. 1°. Ils font aujourd'hui Sujets & Vaffaux de S. M. comme ils l'étoient autrefois de l'Empire & de l'Em pereur. 2°. Toutes les Requêtes & toutes les Plaintes qui étoient reſtées indéciſes à la Cour d'Eſpagne où ils les avoient portées, ſont aujourd'hui pendantes devant S. M. qui doit y prononcer comme le Roi d'Eſpagne l'eût dû faire lui-même.

Or, quelle étoit l'obligation de la Cour d'Eſpagne ? On oſe dire que les Conſeils de S. M. Catholique en ont eux-mêmes déterminé la meſure & l'étendue, 1°. par les offres qu'ils firent en 1596 & en 1611. 2°. Par les aveux qu'ils prononcerent en 1624. On ſe rapellera ſans doute que les *Juntes* de 1624. reconnurent (*q*) que le Roi Catholique ne pouvoit alleguer le droit de conquête, *puiſqu'aux Archevêques & Egliſe de Cambray appartenoit indubitablement le droit & propriété de la Juriſdiction temporelle, & qu'iceux n'ont point perdu ladite Juriſdiction par les invaſions & tyrannies qui l'avoient opprimée, & que le Roi ne l'a point acquiſe par la repriſe de ladite Ville, puiſqu'en qualité de Protecteur, il étoit obligé de la recouvrer, ſans que pour cela, ladite Egliſe fût fraudée de ſon droit.*

On ſe rapelle également que ſi nonobſtant cette déciſion des Conſeils d'Eſpagne, S. M. Catholique ſe détermina à conſerver une poſſeſſion qu'elle regardoit comme précaire, ce fut ſur ce que le Marquis de Villafranca lui fit obſerver que cette Ville apparténante de droit à l'Archevêque, étoit dans le fait, néceſſaire à la défenſe des Pays-Bas dont elle étoit la clef. Mais outre que ce motif étoit contraire

---

(*q*) Voy. la Requête de M. l'Archevêque de Cambray.

aux Loix de la Juſtice , puiſque les précautions qui dans l'état de guerre peuvent quelquefois forcer un Souverain à s'emparer d'un pays avec lequel il n'eſt point en guerre , ne peuvent jamais en légitimer la détention pendant la paix ; ce motif même ne ſub-ſiſte plus aujourd'hui , puiſque depuis la réunion des Pays-Bas à la France , Cambray n'étant plus ſur la frontiere , n'eſt point une clef qu'il ſoit néceſſaire d'ôter à l'ennemi.

L'obligation paroiſſant démontrée , il ne s'agiroit plus que d'examiner les moyens de la remplir , non-ſeulement ſans nuire aux droits du Roi , mais en affermiſſant même ſon autorité ſur un pays qui , pour être ſolidement & irrévocablement incorporé à la France , doit recevoir d'elle une conſtitution ſûre & une adminiſtration certaine. Sur cet objet M. l'Archevêque de Cambray doit s'en rapporter avec la plus grande confiance , aux lumieres & à la juſtice du Conſeil de S. M. Les vues qu'il va lui préſenter ſont non des demandes de ſa part , mais des idées deſtinées à faire connoître qu'il eſt poſſible d'accorder la juſtice dûe à l'Egliſe de Cambray , avec les devoirs d'obéiſſance & de fidélité qui l'attachent à ſon Souverain.

Il ne ſeroit queſtion pour cela , que de rendre à l'Archevêque de Cambray les fonctions de la puiſ-ſance publique qu'il peut exercer ſans donner atteinte à la ſouveraineté de Sa Majeſté ; & ſur cela il eſt néceſſaire de diſtinguer dans le Cambreſis même deux ſortes d'adminiſtrations , dont il ſuffit de conſerver l'une, & dont il fembleroit jufte de rétablir l'autre.

Pendant tout le tems qu'a duré l'injufte détention de l'Efpagne, le Cateau Cambrefis qui n'avoit ni capitulé avec le Comte de Fuentes, ni trahi la fidé-lité qu'il devoit à fon Archevêque, étoit demeuré fous la puiffance de celui-ci. L'ancienne forme de gouvernement s'y étoit confervée; & lorfque le feu Roi prit Cambray fur les Efpagnols, il n'eut point à conquerir fur eux le Cateau qu'ils ne poffedoient point.

Qu'arriva-t-il donc? Louis XIV. laiffa provifion-nellement les chofes dans l'état où elles étoient lors du traité de Nimégue. Cambray enlevé aux Efpa-gnols continua d'être gouverné à peu près comme il l'avoit été fous leur domination: le Cateau dont les Archevêques de Cambray n'avoient point perdu la poffeffion, conferva fes loix, fa liberté, fon ad-miniftration entierement & uniquement fubordon-nées à l'autorité de l'Archevêque: & lorfque fous le gouvernement François les Intendans de Flandres voulurent y donner des ordres, ou les Fermiers Gé-néraux y pourfuivre l'exécution des Loix burfales établies par la France, le Gouvernement eut foin de les réprimer. Ce n'eft que depuis quinze ou vingt ans que la négligence de feu M. de Saint Albin a procuré quelque fuccès aux entreprifes des uns & des autres; fuccès paffagers qui ne peuvent jamais ni préjudicier aux droits de l'Eglife, ni alterer le droit public, dans lequel ce petit Etat a toujours été maintenu par Sa Majefté Elle-même.

Mais fi les Miniftres du Roi ont dans tous les tems reconnu que l'on devoit conferver & au Cateau Cambrefis fes franchifes, & à l'Archevêché de Cam-

bray fon autorité fur ce petit Etat, comment n'ont-
ils pas quelquefois fait attention qu'il eût peut-être
été important d'y donner par une Loi folemnelle,
un titre à la fouveraineté du Roi, qui jufqu'ici y a
été plutôt reconnue par la fidélité des Archevêques,
qu'établie par aucun Traité? Comment ne s'eft-on
pas apperçû qu'avant & depuis la paix de Nimegue,
ceux-ci ont toujours joui du Cateau, & aux mêmes
titres & avec les mêmes droits qui leur appartenoient avant la fameufe époque de 1595? que l'Efpagne qui ne le poffedoit point n'en fit aucune mention dans ce Traité; & que le Cateau Cambrefis qui
n'avoit été ni conquis ni cédé, conferva, avec fon ancienne mouvance, toutes les prérogatives dont Cambray avoit été injuftement dépouillé par les Efpagnols?

M. l'Archevêque de Cambray fe fait donc un devoir aujourd'hui d'avertir le Confeil de S. M. qu'il
eft tems d'affûrer par une Loi folemnelle, les droits
de la Royauté fur cette portion de l'ancien Etat de
Cambray : mais en donnant cette preuve de fidélité
& de fon attachement au Roi, il fe rendroit coupa-
ble & envers fon Eglife & envers fes fucceffeurs, s'il
trahiffoit leurs anciennes prérogatives. La Loi qu'il fol-
licite n'étant point l'effet ou la fuite d'une conquête ou
d'un Traité, feroit injufte fi elle étoit deftructive des
libertés & des franchifes d'un pays qui ne conferveta
jamais plus fûrement fa conftitution primitive, qu'en
la mettant fous la protection de la puiffance Royale.

M. l'Archevêque de Cambray ne perdra point de vue
cette diftinction entre le Cambrefis & le Cateau, dans
les réflexions qu'il va foumettre à l'examen du Confeil
du Roi, & qui pourront éclairer fa fageffe dans la dé-

cifion qu'il eft enfin néceffaire de prononcer.

La puiffance publique fur un pays, réunit trois fortes de fonctions dont le titre eft le même, puifqu'il n'eft autre chofe que la fouveraineté : le droit de légiflation, la puiffance de Jurifdiction, le pouvoir d'adminiftrer.

Le Roi étant fouverain de Cambray & de toute la Province du Cambrefis, poffède fans doute éminemment ces trois pouvoirs ; mais il les poffède comme les poffédoit l'Empire auquel il fe trouve aujourd'hui fubrogé. L'Etat de Cambray étoit foumis aux Loix générales des Dietes de l'Empire ; il reffortiffoit au Tribunal fuprême de la Chambre Impériale ; il étoit de plus, comme membre du Corps Germanique, tenu de toutes les contributions néceffaires pour la défenfe commune, & aftreint à tous les Réglemens des Dietes qui concernoient l'adminiftration.

Mais par les Loix même de l'Empire, l'Archevêque de Cambray avoit fubordonnemment à ce pouvoir fuprême, 1°. celui de faire tous les Réglemens particuliers qui n'avoient aucun trait au gouvernement général de l'Allemagne, & qui avoient feulement pour but le maintien de l'ordre public du Cambrefis. 2°. Une pleine & entiere jurifdiction fur tous les fujets de ce pays, fauf le reffort & le recours à la Chambre Impériale ou à la Cour du Comte de Flandres qui lui étoit fubrogée. 3°. Celui de maintenir par des ordres particuliers, la fûreté, l'abondandance & la liberté publiques. Dans ces trois efpéces de fonctions ou de droits inféparables de la fupériorité territoriale de fon Fief, il ne voyoit entre lui

&

& l'Empereur aucune Puiſſance intermédiaire ; c'é-
toit ſur lui que ſe repoſoit immédiatement la confiance & de l'Empire & de ſon Chef.

Ce tableau des droits anciens de l'Archevêque de
Cambray, eſt le modéle de ceux qu'il doit attendre
de la juſtice de S. M.

Il eſt devenu ſon Sujet, & ſon premier devoir eſt
l'hommage & la fidélité. Mais cet hommage n'a point
changé de nature, il n'a point été dégradé, pour ainſi
dire, par la tranſlation de la mouvance : ce n'étoit
point au Comte de Flandre que l'hommage de Cambray étoit dû, c'étoit à l'Empire ; & c'eſt pour cette
raiſon qu'il a été perpétuellement refuſé à l'Eſpagne
tant qu'elle l'a demandé, parce que cette Puiſſance
ne pouvoit jamais avoir de droits légitimes que ceux
qui avoient appartenu aux Comtes de Flandres, &
qui, comme on l'a dit plus haut, n'étoient qu'un pouvoir de protection, & une juriſdiction vice-gerente
de celle de l'Empire. (r)

L'hommage que l'Archevêque de Cambray doit
au Roi, étant néceſſairement repréſentatif de celui
qu'il prêtoit à l'Empire, ne peut donc s'adreſſer qu'à
la Couronne ; il ne peut être regardé aujourd'hui
comme Vaſſal de S. M. qu'à raiſon de ſa ſouveraineté ; & ſi l'on fait attention à la nobleſſe & à la
dignité de ſon Fief, ainſi qu'au grand nombre de
mouvances qu'il a lui-même, on peut dire que cet

(r) *N.B.* Voyez les Actes de 1600. 1616. 1622. & 1466. qui prouvent que
le Magiſtrat & les habitans de Cambray ont toujours refuſé à l'Eſpagne le ſerment
de fidélité. Ce refus équivaut ſans doute à une réclamation perpétuelle contre le
Traité de 1595.

E

Archevêché réunit toutes les qualités qui ont déterminé l'érection des Pairies, ou plutôt celles qui
formoient essentiellement les Pairies dans ces tems
reculés où elles n'étoient point érigées par le Monarque, mais où elles existoient par elles-mêmes & par
le concours de ces mêmes qualités. Cette érection
en Pairie seroit peut-être le seul moyen de donner
aux Archevêques de Cambray un rang & des priviléges équivalens à ceux dont ils jouissoient en Allemagne.

A ces motifs de justice, s'il étoit permis d'en ajou-
ter quelques-uns de prudence & de politique, on
observeroit ici que ce seroit peut-être la maniere la
plus simple de tellement incorporer le Cambresis à la
France, que jamais l'Empire n'eût même de pré-
texte pour en réclamer la mouvance : que plus
S. M. est sûre de l'attachement & de la fidélité de
l'Archevêque de Cambray, dont la Maison doit tout
à ses bienfaits, plus Elle doit être portée à prévenir
les plaintes des successeurs de celui-ci, & à s'assûrer
de leur fidélité, en empêchant qu'elle ne soit un
jour tentée par des insinuations, & ébranlée par des
promesses ; enfin, que s'il est juste que les Archevêques de Cambray ne perdent rien sous le gouvernement François, il est utile qu'ils n'ayent rien à re-
gretter, & que l'intérêt même de leur Siége soit
d'imiter les exemples de reconnoissance & d'attachement qui leur auront été laissés.

Mais sans rien suggerer aux Ministres de S. M. sur
la dignité qu'Elle pourroit accorder à l'Archevêque
de Cambray, il lui suffit d'observer que ce Prélat

femble devoir au moins conferver le titre & les honneurs des Duchés héréditaires, puifque ce titre a été
reconnu par les prédéceffeurs même de S. M. On
fait que François Ier. en guerre avec l'Empereur
Charles Quint ne fit aucune difficulté de le donner
à l'Archevêque de Cambray dans fes Letrres de neutralité de 1542. C'eft fous le titre de Duc que celui-
ci a toujours été appellé & nommé aux Diétes de
l'Empire. Les Rois d'Efpagne le lui donnerent également avec celui de leur Coufin dans toutes les
lettres qu'ils lui écrivirent. Henry IV. & Louis XIV.
ont fuivi cet exemple : & le titre de Duc fe trouve
donné aux Archevêques de Cambray, & dans les
Lettres-patentes expédiées fous leur régne & dans
celles qui l'ont été fous celui de S. M. Enfin le
Duché de Cambray exiftant réellement entre lès
mains de l'Archevêque doit ou être éteint fi le Roi
l'ordonne, ou communiquer à fes poffeffeurs tous les
honneurs accordés par S. M. aux Ducs héréditaires.

Le droit de publier fous l'autorité du Roi, &
par l'organe des Juges ordinaires du Duché de Cambray, les Loix générales dont l'objet s'étend à tout
le Royaume ; celui de faire lui-même tous les Réglemens particuliers & toutes les Ordonnances dont
le but eft de maintenir dans le Cambrefis l'ordre
& la sûreté publique, font des attributs effentiels
de la fupériorité territoriale, mais fi conciliables
avec l'autorité fouveraine de S. M. que l'on ne con-
çoit pas que fon intérêt puiffe être ici contraire à
fon équité : on a vu que ce double droit étoit offert
en 1696. à l'Archevêque de Cambray par le Roi

d'Espagne ; & si ces offres eussent été acceptées, ce Prince jaloux de son pouvoir n'eût pas crû en dégrader le titre. En reconnoissant que ces deux droits sont attachés à la Seigneurie temporelle de l'Archevêché de Cambray, on ne donne pas plus d'atteinte à la souveraineté du Roi, qu'en avouant que le droit de Justice est en France attaché aux Fiefs ; car s'il n'en est pas moins vrai pour cela que le principe & le titre de la Jurisdiction universelle, est un attribut inaliénable de la Souveraineté, il le sera également que le pouvoir de l'administration suprême, réside dans la personne du Roi, lors même que l'administration libre d'un Fief sera regardée comme attachée à sa possession. A cet égard le recours au Souverain ouvert à tous ses Sujets, & le droit qu'il a essentiellement de réformer tous les abus qui lui sont déférés, suffisent pour maintenir l'ordre & pour empêcher qu'une administration, qui ne doit être que libre, ne devienne jamais indépendante.

Mais pour faire jouir l'Archevêque de Cambray de cette liberté attachée à son siége, il paroîtroit nécessaire de lui restituer dans la Ville de sa résidence, ainsi que dans le Comté de Cambresis, & de lui conserver dans le Cateau, le droit de nommer tous les Magistrats & tous les Officiers. Ce droit essentiel à la supériorité territoriale des Fiefs immédiats de l'Empire, n'a été enlevé (r) à l'Eglise de

---

(r) Voy. la Loi Godefroy art. 1. Instituentur duo præpositi & quatuordecim Scabini ab Episcopo, in civitate Cameracensi permansuri, si Episcopus voluerit per annum, quos tamen omnes vel partem infra annum amovere vel post annum retinere poterit Episcopus, prout ei visum fuerit expedire. Cette Loi Godefroy est de 1227, a toujours été suivie dans le Cambresis & est encore citée dans les Tribunaux.

Cambray que par le Traité du Comte de Fuentes en 1595, & l'Espagne offrit encore dès 1596. de le restituer : non-seulement il n'a rien de contraire aux Loix de la Monarchie Françoise, mais il y a plusieurs Villes en France dont les Seigneurs ne l'ont jamais perdu.

L'assiette, l'imposition & la perception des subsides, sont certainement liées à l'exercice de la puissance publique, & ne doivent point être étrangeres au Souverain, en qui réside le titre de ce pouvoir. Mais à cet égard il est important de faire une distinction qui nous est indiquée par l'ancien état même du Cambresis, dont, pour remplir les vues justes de S. M. il semble nécessaire de se rapprocher le plus qu'on le pourra, sans s'écarter des loix de la Monarchie Françoise.

Tous les États & Fiefs immédiats de l'Empire, contribuent de deux manieres à la défense du corps Germanique qui est la patrie commune, d'un côté en fournissant un contingent de Troupes, d'un autre côté en payant une quotepart de subsides réglée par la matricule.

Mais outre ces secours dûs à l'Empire, il y a dans chaque Etat une certaine nature d'impôts réglés par son Chef & qui servent à la défense particuliere du Pays : ces subsides versés dans le trésor de l'Etat sont employés à ses besoins ; ils sont destinés à l'entretien des Villes, des chemins & des ouvrages publics.

La France est aujourd'hui par rapport à l'Etat de Cambray, ce qu'étoit l'Empire avant le Traité de Nimégue. Le Roi qui est aux droits de l'Empereur

& de l'Empire, a donc inconteſtablement le pouvoir de lui demander les ſecours néceſſaires aux beſoins généraux du Royaume. Mais il faut diſtinguer ces ſecours, des ſubſides particuliers deſtinés aux beſoins de la Province.

L'adminiſtration de Cambrai ſubordonnée aux loix Germaniques, a toujours été municipale comme elle l'eſt dans preſque tous les Etats de l'Empire. Les Etats étoient convoqués par l'Archevêque, il en étoit le chef, & ils étoient ſon Conſeil, au milieu duquel il décidoit ſeul après avoir écouté leurs avis. C'étoit lui qui offroit au nom de ſon Etat, le contingent deſtiné à la défenſe de la Patrie : c'étoit également lui qui fixoit & repartiſſoit les impoſitions particulieres délibérées par les Etats, pour la ſûreté & les beſoins du Cambreſis.

Lorſque les Eſpagnols ſe furent emparés de Cambray, les Etats continuerent de s'aſſembler, & délibérant alors hors de la préſence de l'Archevêque, la pluralité des ſuffrages commença à faire loi. En effet, comme ils étoient alors convoqués au nom de S. M. Catholique, l'Archevêque réfuſa d'y préſider. Il n'eût pû le faire ſans approuver par ſa préſence une uſurpation contre laquelle il ne ceſſoit de reclamer : le Chapitre de Cambrai refuſa d'abord de s'y trouver, enſuite il prit le parti d'y aſſiſter mais en faiſant des proteſtations contre la violence & l'invaſion. Tel eſt le dernier état des choſes, car les Archevêques ne ſe ſont jamais laiſſés vaincre, & ont mieux aimé ne prendre aucune part aux délibérations ſur les affaires publiques, que de paroître acquieſcer à une admi-

niſtration dont ils ne diſpoſoient plus : c'eſt donc
pour ne point donner atteinte à leur titre que les
Archevêques de Cambrai ont ſacrifié leur poſſeſſion,
& dès là, l'uſage actuel qui ſemble les exclurre des
Etats, eſt au contraire un moyen de plus en faveur
du droit qui leur aſſure l'avantage d'y préſider.

Il n'eſt donc pas neceſſaire de s'attacher ici à
prouver que l'Archevêque de Cambray a de droit
la préſidence de ces Etats. Ce droit eſt eſſentielle-
ment inhérent, ſoit à ſa qualité de chef du premier
ordre, ſoit à celle de Seigneur ſuzerain de tous les
Barons qui compoſent le ſecond. Plus ſes titres ſont
anciens, plus ſon autorité étoit étendue, moins il
eſt poſſible qu'il ſoit privé d'un avantage qui appartient dans quelques Provinces de la France, à des
Evêques dont les ſiéges ont eu bien moins de pouvoir & de prérogatives. Le Roi en confirmant les
Etats, en réglant la forme dans laquelle ils doivent
s'aſſembler, n'accordera rien à l'Archevêque de
Cambray, car il ne peut y avoir d'Etats qu'il n'en ſoit
le chef eſſentiel & neceſſaire : mais ce que l'on ne
peut ſe diſpenſer d'obſerver ici, c'eſt que cet avantage inhérent à ſa qualité, ſe réduiroit à un vain
cérémonial, s'il pouvoit exiſter aucun pouvoir intermédiaire entre le Roi & l'Archevêque de Cambray.
Un des principaux attributs de la ſupériorité territoriale des Fiefs de l'Empire, eſt ce rapport immédiat du chef de l'Etat particulier avec le chef du
corps entier, rapport qui produit néceſſairement une
correſpondance ſans moyen, & rend le poſſeſſeur
du Fief, Commiſſaire né & agent néceſſaire de l'Em-

pire dont il fait exécuter les loix, & de l'Empereur dont il reçoit & fait publier les refcrits.

L'adminiftration d'un Intendant eft donc incompatible avec les loix & les priviléges de l'Etat de Cambrai ; fes fonctions peuvent avoir été neceffaires dans cet intervalle d'incertitude, pendant lequel on ignoroit encore & le droit public, & les loix de cette petite Province ; & c'eft ainfi que dans des temps de troubles, l'Empereur eût pû nommer des Adminiftrateurs paffagers pour régir le temporel de l'Archevêché. Mais dès que S. M. aura une fois confirmé par fon autorité, l'exercice de la puiffance publique qui appartient à l'Archevêque, il eft jufte, il eft naturel que celui - ci foit régardé comme le Commiffaire perpétuel du Souverain. On fait à quoi fe réduit dans les pays d'Etats, le pouvoir des Intendans. Leur autorité y eft prefque nulle, mais leur nom même eft inutile dans un pays où par la conftitution ancienne, il exifte un chef chargé de tout le poids & de tous les devoirs de l'adminiftration publique.

Les Etats de Cambray ayant donc l'Archevêque à leur tête, & confirmés une fois fur fa demande & de fon confentement, feront en droit de délibérer fur l'affiette & fur la perception des fecours que le Roi leur demandera immédiatement. Cette forme d'adminiftration n'eft point étrangére à la France, puifqu'elle a été confervée dans plufieurs de fes Provinces. Les ftipulations faites avec les Etats, ayant une fois force de loi, feront confiées à la puiffance exécutrice dont l'exercice appartiendra à l'Archevêque ;

vêque ; les Etats auront enfuite à délibérer en fa préfence , fur la nature , la forme & l'affiette de l'impofition qui doit fournir le fecours qu'ils auront accordé ; & le Roi pourra fe repofer entiérement de l'exécution de fes volontés , fur le zéle de ce Prélat & fur l'autorité dont il fera revêtu par les loix fondamentales du pays.

Il ne s'agit ici , comme on le voit , que des fubfides néceffaires pour la défenfe & les befoins du Royaume & qui répondent aux fecours que l'Etat de Cambray devoit fournir à l'Empire pour fon contingent. A l'égard des fubfides particuliers dont l'emploi eft deftiné à la sûreté du pays , à l'entretien des chemins , à la réédification ou à la confervation des édifices publics , ces fortes de fecours femblent devoir être réglés par les Etats , & également répartis & impofés de l'autorité & par les ordres de l'Archevêque de Cambray.

Cette adminiftration fi fimple , fi peu difpendieufe , fi propre à concilier avec la liberté des citoyens , le plus grand avantage & la plus grande richeffe de l'Etat , eft celle à laquelle on a entrepris depuis 15 ans de fubftituer dans le Cateau Cambrefis & l'arbitraire de la capitation , & les exactions des Fermiers , & toutes les petites vexations des traitans ; fur cet objet L'Archevêque de Cambray a d'autant plus d'avantage que toutes ces entreprifes ont été condamnées d'avance par S. M. (s) , & le Gouvernement aura d'autant moins d'obftacles à

(s) Voy. les Lettres des Miniftres rapportées dans la Requête de M. de Cambray.

F

vaincre, que fans entrer dans aucun détail fur les atteintes données aux loix du pays, il lui fuffira de déclarer nul par une difpofition générale, tout ce qui s'eft fait à leur préjudice.

Quant à la ville de Cambray & au Comté de Cambrefis, il faut convenir que les abus y ont acquis plus de force par leur durée, & qu'il eft par confequent néceffaire d'y établir par des difpofitions précifes, la forme d'adminiftration que le Roi voudra y faire obferver à l'avenir. M. l'Archevêque de Cambray croit avoir pofé dans ce Mémoire, les principes fur lefquels il femble qu'elle doive être fondée : ce feroit de laiffer à la Seigneurie tout ce qui n'eft pas abfolument effentiel à la fouveraineté.

Finiffons par une réflexion qui ajoutera peut-être encore à la force de nos preuves. Ecartons pour un moment la perfide capitulation du Comte de Fuentes, car un titre évidemment nul peut être regardé comme non-avenu. Suppofons donc que le Gouvernement de Cambray où n'eût point été ufurpé par les Efpagnols en 1595, où eût été reftitué aux Archevêques en confequence des négociations que la guerre interrompit. Dans ce cas, le feu Roi ne fe fut pas moins emparé de Cambray en 1677, car cette place étoit alors fituée entre les frontieres de la France & celles des Pays-Bas dont elle pouvoit être une clef : d'ailleurs l'Empereur avec qui le Roi étoit en guerre, avoit des droits fur elle : mais fi l'Archevêque eût offert la neutralité, s'il eût réfufé de prendre aucune part aux hoftilités, le Roi en plaçant fes troupes dans Cambray, en s'emparant de la Citadelle, en commandant pendant toute la guerre dans le pays, eût-il acquis les droits de l'Archevêque dont il n'eût eû aucun sujet d'être mécontent ? Ses droits eussent certainement été suspendus tant que la guerre eût duré, car alors il n'y en a point d'autres que la force & la nécessité : mais à la paix, le Roi eut certainement trouvé juste de restituer tout ce qui n'eût point appartenu à l'Empereur. Il auroit donc conservé par droit de conquête, la mouvance & la suzeraineté c'est-à-dire cette souveraineté modifiée par des loix, qui appartenoit à l'Empereur, comme chef de l'Empire ; mais il n'eut acquis que cela & l'Archevêque de Cambray n'eut rien perdu en devenant son sujet.

Or, on ose dire que telle est encore la position de l'Eglise & de l'Archevêque de Cambray. L'Archevêque dépouillé de son bien par les Espagnols, protestant contre leur violence, & réduit à l'impuissance de prendre aucun parti, a dû être regardé comme neutre dans la guerre de 1672. Le Traité de 1595 est un acte nul & irrégulier qui ne doit produire aucun effet. Le Roi n'a pû acquerir que ce qui appartenoit à ses ennemis. Les droits de supériorité territoriale, avoient continué de plein droit d'appartenir aux Archevêques de Cambray, quoique par le fait ils n'en jouissent plus : donc le Roi n'a point acquis ces droits : donc S. M. se croira obligée de les restituer aujourd'hui.

Allons plus loin : que fut-il arrive dans l'hypothése que nous venons de présenter ? il auroit existé dans le Royaume un Fief qui eût encore joui d'une partie (*t*) des droits qui appartenoient autre fois en France, aux possesseurs des grandes terres. Cette idée est-elle donc inconciliable avec l'idée de la Monarchie Françoise ? & dira-t-on que celle-ci a subsisté pendant plusieurs siécles, par des loix incompatibles avec ses principes essentiels ?

Mais quoi ! cette Seigneurie de Cambray eût-elle été plus singuliere, eût-elle donné plus d'atteinte aux droits du Roi, que l'espéce de franchise dont jouissent en France plusieurs Seigneuries allodiales auxquelles leurs Possesseurs & quelques Tribunaux même ont donné le nom de souverainetés ? On vit il y a quelques années le grand Conseil se servir de ce terme pour exprimer l'allodialité d'une grande & belle terre, & déclarer au nom du Roi que l'administration de cette Seigneurie étoit indépendante du Souverain même, auquel elle avoit demandé a être maintenue dans ses droits. On sent combien cette reconnoissance de la suprême Jurisdiction du Roi, étoit incompatible avec les idées d'une parfaite souveraineté. Quiconque reconnoît un superieur, n'est & ne peut être Souverain (*u*) : on traite avec un Prince plus puissant que soi, mais on ne vient point

---

(*t*) On dit d'une partie des droits, car il n'est question ici ni du droit de battre monnoie, ni du droit de lever des troupes, l'un & l'autre eussent été incompatibles avec les Loix de la Monarchie Françoise.

(*u*) Le plus puissant Prince du monde qui reconnoît un supérieur parmi les hommes, n'est pas véritablement Roi, & le plus petit coin de la terre peut être un véritable Royaume dès qu'il est indépendant. Droit public. Germanique, pag. 463. Le Roi de Prusse n'est que Marquis de Brandebourg, parce que cet Etat le met dans la dépendance de l'Empire, & la Prusse n'auroit pû devenir un Royaume si par le Traité de Bidgost en 1657, elle n'eût été déliée du nœud féodal qui la soumettoit à la Pologne.

plaider dans ſes Tribunaux : ainſi ces ſortes de terres ne ſont réellement que de grands alleus qui n'ont jamais été ſoumis à la mouvance du Roi , & qui dans un temps où l'on confondoit les droits de la Seigneurie avec ceux de la Souveraineté , ſe ſont crus indépendans de celle-ci , parce qu'ils n'étoient point ſoumis à celle-là. Cependant leur poſſeſſion a été & eſt encore reſpeétée , parce qu'en matiere de droit public , elle ſuffit pour former la conſtitution ; & le Roi a des Sujets très-dépendans de ſon pouvoir & très-ſoumis à ſon autorité , qui réellement jouiſſent dans leurs terres de droits encore plus étendus que ceux qui appartiennent aux Fiefs d'Allemagne , puiſqu'au moins ceux-ci reconnoiſſent la mouvance & le reſſort qui les lient à l'Empire.

L'Archevêché de Cambray , s'il eût conſervé ſes droits , auroit eû , & il aura ſi , comme il a lieu de l'eſpérer , le Roi veut bien les lui reſtituer , un pouvoir moindre ſans doute ſur le Cambreſis que celui qui eſt attaché même en France , à ces terres allodiales dont on vient de parler. L'hommage , le ſerment de fidélité , le reſſort à l'une des Cours ſupérieures du Royaume , aſſurent parfaitement au Roi les droits de ſa ſouveraineté. L'adminiſtration du Cambreſis ſera différente , il eſt vrai , de celle que l'on voit établie dans les autres Provinces du Royaume , mais on ſait que rien n'eſt moins uniforme , même en France , que les principes par leſquels ſont régis les différens Etats qui ont été ſucceſſivement incorporés à la Monarchie. Il exiſte même des terres qui jouiſſent , en vertu de priviléges très-librement accordés par le Roi, de ces mêmes franchiſes qui forment l'ancien état de l'Archevêché de Cambray (*x*). L'autorité en France eſt une, & ſouveraine, mais ſa marche & ſon exercice varient ſuivant les titres de chaque Province ; les liens qui les ont attachées nos maîtres ſont encore aujourd'hui des monumens de la juſtice de ceux-ci : en acquérant des Sujets ils n'ont ni détruit leur liberté, ni anéanti leurs droits : la fidélité des peuples pour leur Roi, & ce principe inaltérable d'amour & de zéle qui ſemble naître avec eux, couvrent toutes ces différences. Le Prince peut laiſſer ſubſiſter la diſparité des uſages, toutes les fois qu'il eſt ſûr que toutes les parties de ſon Empire ſont animées du même eſprit & ſe réuniront toujours pour la gloire de ſon régne & l'intérêt de ſa Couronne.

(*x*) La terre de Richelieu & quelques autres.

F I N.

TABLE
DES MATIERES.